궁금해 거북이 궁금해

사이 몽고메리 글 | 맷 패터슨 그림 | 원지인 옮김
한국양서파충류협회 감수

뮤렌베르그숲지거북

보물창고

앤과 데이비드 패터슨에게,
감사를 담아.

〈지구를 살리는 그림책〉 함께 읽어 보세요!

❶ 지구를 살리는 위대한 지렁이 ❷ 아마존 열대우림의 속삭임 ❸ 지구 생태계의 왕 딱정벌레
❹ 플라스틱 병의 모험 ❺ 빙빙빙 지구 소용돌이의 비밀 ❻ 지구의 파란 심장 바다
❼ 멸종하게 내버려 두면 안 돼 ❽ 알루미늄 캔의 모험 ❾ 그레타 툰베리, 세상을 바꾸다
❿ 지구 지킴이 레이첼 카슨 ⓫ 모두모두 함께라서 좋아 ⓬ 넌 할 수 있을 거야
⓭ 플라스틱 빨대가 문제야 ⓮ 북극곰 살아남다 ⓯ 지구 최고의 수영 선수 바다거북
⓰ 궁금해 거북이 궁금해 ⓱ 우리들의 작은 땅

지구를 살리는 그림책 16
궁금해 거북이 궁금해

펴낸날 초판 1쇄 2024년 4월 25일 | 초판 2쇄 2025년 8월 10일
지은이 사이 몽고메리 | **그린이** 맷 패터슨 | **옮긴이** 원지인 | **감수** 한국양서파충류협회
펴낸이 신형건 | **펴낸곳** (주)푸른책들 · 임프린트 보물창고 | **등록** 제321-2008-00155호
주소 서울특별시 서초구 양재천로7길 16 푸르니빌딩 (우)06754 | **전화** 02-581-0334~5 | **팩스** 02-582-0648
이메일 prooni@prooni.com | **홈페이지** www.prooni.com | **인스타그램** @proonibook | **블로그** blog.naver.com/proonibook
ISBN 978-89-6170-947-7 77490

THE BOOK OF TURTLES by Sy Montgomery, illustrated by Matt Patterson
Text Copyright © 2023 by Sy Montgomery
Illustrations Copyright © 2023 by Matt Patterson
All rights reserved.
This Korean edition was published by Prooni Books, Inc. in 2024 by arrangement with Clarion Books, an imprint of HarperCollins Publishers through KCC(Korea Copyright Center Inc.), Seoul.
이 책은 (주)한국저작권센터(KCC)를 통한 저작권자와의 독점계약으로 (주)푸른책들에서 출간되었습니다. 저작권법에 의해 한국 내에서 보호를 받는 저작물이므로 무단전재와 복제를 금합니다.

* 잘못된 책은 구입한 곳에서 바꾸어 드립니다.
* 이 책 내용의 일부 또는 전부를 재사용하려면 반드시 저작권자와 (주)푸른책들 양측의 서면 동의를 얻어야 합니다.
* 보물창고는 (주)푸른책들의 유아·어린이·청소년 도서 전문 임프린트입니다.

(주)푸른책들은 도서 판매 수익금의 일부를 초록우산 어린이재단에 기부하여
어린이들을 위한 사랑 나눔에 동참합니다.

약 2억 4천만 년 전, 공룡이 나타난 시기이자 악어가 처음 등장하기까지 9백만 년이 남은 때, 딱지에서 거북이 생겨났어요.

패스커굴라지도거북

거북의 딱지는 갈비뼈와 등뼈를 포함해 서로 붙어 있는 60개의 뼈로 구성되어 있고, 우리의 손톱 성분과 같은 케라틴으로 전부 뒤덮여 있어요. 딱지가 있어 거북이 거북인 거죠.

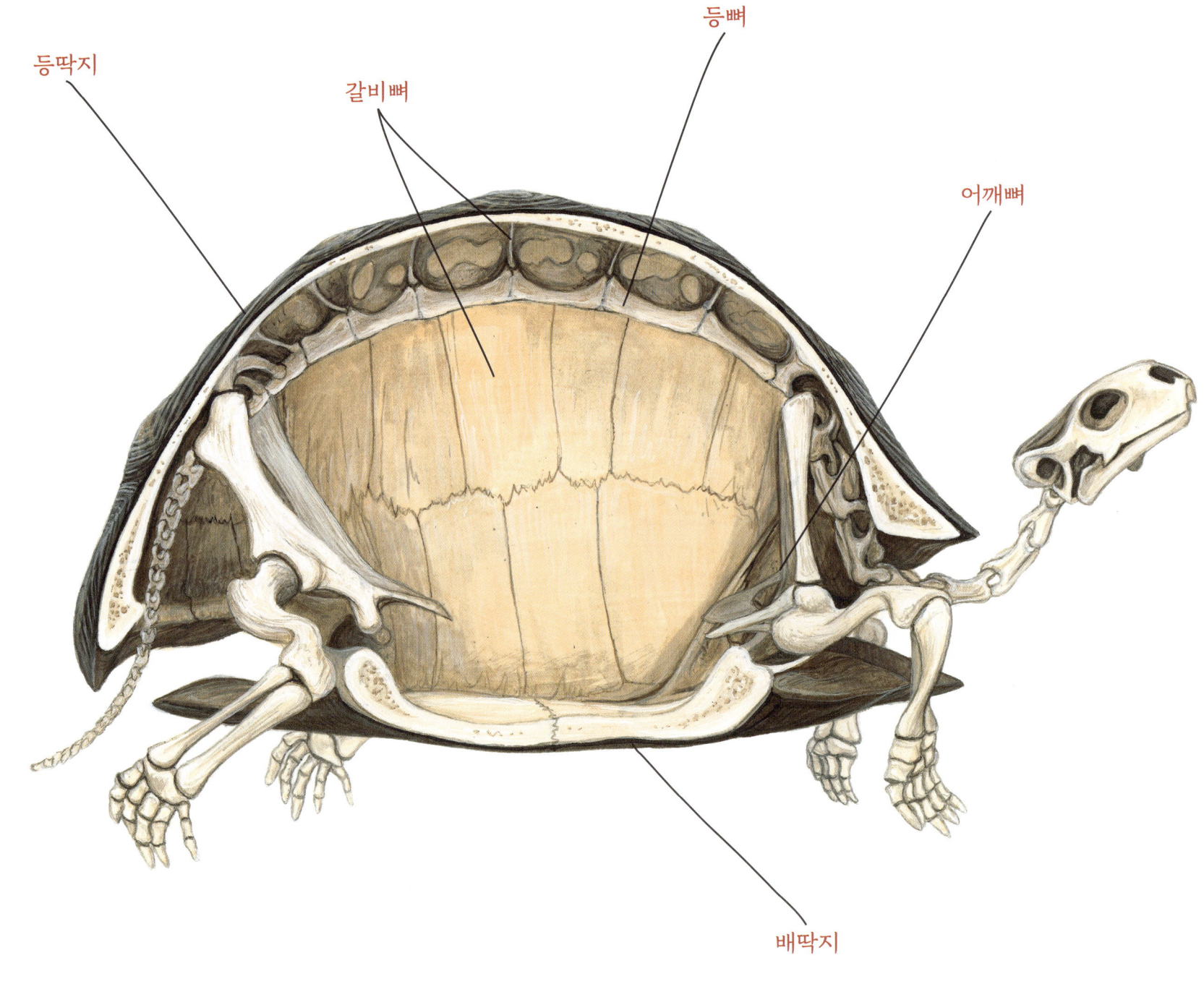

도마뱀, 뱀, 악어와 마찬가지로 거북도 파충류예요. 파충류는 햇볕의 온기로 몸을 덥히고, 비늘로 덮인 피부를 가지고 있으며, 육지에 알을 낳아요. 하지만 근사한 딱지를 가진 건 거북뿐이지요.

거북이 오래 살 수 있는 이유 중 하나가 바로 딱지랍니다. 이런 성능 좋은 갑옷으로 무장을 한 덕분에, 몇몇 종은 200년까지 살 수 있어요. 딱지가 있어 느릿느릿 걸어도 상관없지요. 안전하니 굳이 서두를 필요가 없겠죠.

방사무늬육지거북

거북의 딱지는 아래쪽에서 시작되었어요. 거북의 가장 오래된 조상으로 알려진 파충류 화석은 2015년 독일에서 발견되었는데, 배에 단단한 방패를 두른 도마뱀 모습이었어요. 아래에서 헤엄쳐 올라오는 포식자를 방어하는 형태였지요. 과학자들은 이 화석에 '거북의 할아버지'라는 뜻을 가진 '파포켈리스'라는 이름을 붙였어요. 위에서 공격하는 포식자들을 막기 위한 등딱지는 그로부터 수백만 년 후에 발달하게 되었지요. 2억 2천만 년 전, 오늘날과 같은 모습의 거북이 공룡과 함께 번성했답니다.

위쪽 딱지는 등딱지라고 불러요.　　　　　　　　아래쪽 딱지는 배딱지라고 부르지요.

나무거북

등딱지와 배딱지는 골교라고 불리는 뼈 부분으로 연결되어 있어요. 어떤 거북들은 머리, 다리, 꼬리를 딱지 안으로 끌어당겨서 보호할 수 있어요. 몇몇은 그저 목을 옆으로 돌려 넣을 수 있을 뿐이죠. 머리가 너무 커서 아예 딱지 속으로 집어넣지 못하는 거북도 있답니다. 딱지는 거북의 골격을 이루는 부분이라 거북이 딱지 밖으로 빠져나오는 건 불가능한 일이에요. 여러분이 뼈만 남겨 두고 빠져나올 수 없는 것과 같은 이치지요.

경이로운 딱지 외에도 거북이 지닌 사랑스러운 매력은 한두 가지가 아니에요. 우리는 인간의 조급함으로 가득한 세상에 위안을 주는 거북의 느린 속도를 사랑하지요.

우리는 거북이 아주 오래 사는 점도 좋아해요. 한 거북은 140살에 아기를 가졌어요. 어떤 거북은 288살에 죽었답니다.

세상에, 이 거북은 조지 워싱턴이 태어났을 때도 살아 있었어요!

알다브라코끼리육지거북

300종 이상의 각기 다른 거북들은 지구를 더욱 매력적으로 만듭니다. 굵은 기둥 같은 다리로 땅 위를 어슬렁거리는 거북을 육지거북이라고도 불러요.

거미거북

바다거북 7종은 거의 일평생을 바다에서 헤엄치며 보내요. (암컷은 육지로 돌아와 알을 낳지요.)

켐프각시바다거북

강과 바다가 만나 약간의 염분이 있는 물, 즉 기수에서 사는 거북들을 테라핀이라고 부르기도 해요. (뉴잉글랜드 원주민 언어인 알곤킨 어에서 온 말이에요.) 이들 모두가 다 거북이에요.

다이아몬드등거북

거북은 놀라운 색들을 가지고 있어요. 붉은색 거북도 있고 노란색 거북도 있지요. 색을 바꾸는 거북도 있답니다. 아시아가 원산지인 네손가락거북 수컷은 암컷을 유혹하기 위해 머리를 올리브 갈색에서 새까만 색으로, 목과 앞다리를 진홍색으로 바꿔요. 눈의 홍채까지도 검은색에서 황백색으로 바꾸지요. 2015년 과학자들은 하와이 매부리바다거북의 딱지와 몸이 캄캄한 밤에 붉은색, 초록색, 노란색으로 빛나는 것을 발견했어요. 아직 그 이유는 모른답니다.

네손가락거북

딱지가 무른 거북도 있고, 동그랗게 뜬 눈을 가진 거북도 있어요. 몸보다 목이 긴 거북, 거대한 머리를 가진 거북, 물체를 꽉 붙들 수 있는 꼬리를 가진 거북도 있지요.

거북은 딱지가 있어 누구나 쉽게 알아볼 수 있지만, 언제나 우리를 놀라게 만들어요.

큰머리거북

검은가슴잎거북

말레이시아자라

세계 최고 거북들

가장 큰 거북: 장수바다거북이에요. 눈물방울 모양의 딱지는 2m가 넘어요. 무게가 900kg을 넘기도 하는데, 1톤(거의 작은 차 한 대 무게)에 가까운 무게지요. 오늘날 살아 있는 파충류 가운데 네 번째로 무거우며, 오직 3종의 악어만이 장수바다거북보다 더 무겁습니다.

가장 작은 거북: 얼룩무늬작은육지거북이에요. 수컷은 고작 7cm가 넘는 정도로 자라고, 암컷은 약 10cm 정도로 자라요. 나미비아와 남아프리카 서쪽이 원산지예요.

실제 크기예요!

가장 빠른 거북: 무른갑가시자라예요. 북아메리카에 사는 이 커다란 거북은 시속 24km 이상으로 빠르게 질주할 수 있어요. 이는 열 살 아이들이 100m 달리기할 때의 평균 속도보다 빠른 속도지요. 헤엄칠 때에는 그보다 더 빠르답니다. 다른 거북들과 달리, 무른갑가시자라의 딱지는 고무 같은 느낌인데, 연한 피부로 덮여 있기 때문이에요.

가장 납작한 거북: 팬케이크육지거북이에요. 얇고 납작하고 유연한 딱지 덕분에 케냐와 탄자니아에 있는 건조한 서식지의 바위 틈을 비집고 들어갈 수 있어 포식자를 피하기에 유리하지요.

(몸에 비해) 목이 가장 긴 거북: 뱀목거북이에요. 이 뱀목거북 무리는 오스트랄라시아와 남아메리카가 원산지로, 누군가 뱀을 딱지 속에 밀어 넣은 듯한 모습을 하고 있어 이런 이름을 갖게 되었어요. 몇몇 종들은 머리와 목을 25cm 넘게 뻗을 수 있는데, 등딱지보다 더 긴 길이지요.

로티뱀목거북

가장 화려한 거북: 서부비단거북이에요. 눈길을 사로잡는 이 비단거북 종들은 캐나다 서부 온타리오주와 브리티시 컬럼비아주 남쪽부터 미국 중부에 이르는 지역의 연못에서 삽니다. 화창한 여름날이면, 통나무 위에서 일광욕을 즐기는 이 거북들을 종종 볼 수 있지요.

가장 냄새나는 거북: 아프리카헬멧거북이에요. 궁지에 몰리거나 위협받을 때, 양쪽 다리 아래에 있는 분비샘에서 악취 나는 사향을 내뿜어요. 그 냄새가 북미 동부의 유명한 사향거북보다 더 지독하답니다. 이 사향거북은 딱지 가장자리에 있는 분비샘에서 악취를 내보내지요.

가장 수명이 긴 거북: 알다브라 코끼리육지거북이에요. 인도양의 섬나라 세이셸이 원산지인 이 종은 몇몇 개체들이 250살 넘게 산 것으로 알려져 있어요.

거북은 놀라울 정도로 많은 재능을 갖고 있어요. 거북은 놀랍도록 영리하답니다. 나무거북은 실험실 쥐만큼이나 빠르게 미로를 익힐 수 있어요. 나이가 많아도 새로운 재주를 익히는 건 어렵지 않아요. 90세가 된 푸른바다거북 머틀은 세 개의 단과 스피커가 있는 상자 두 개, 전구가 있는 상자 하나로 이루어진 복잡한 과제를 빠르게 익혔어요. 전구가 있는 상자에 불이 들어오면, 머틀은 지느러미발로 그 단을 건드려서 보상으로 먹이를 받게 되어 있었지요. 하지만 다른 상자에서 소리가 흘러나오는 동안 불이 들어오면, 머틀은 어느 스피커에서 소리가 나는지 알아차려 해당 단을 대신 건드리는 것이었지요.

어떤 거북들은 사냥도 합니다. 아프리카헬멧거북은 종종 무리 지어 사냥하는데, 물속에서 새끼 오리를 잡거나 물을 마시러 온 비둘기를 익사시키기도 합니다. 거북들은 진드기도 먹고 코뿔소와 하마에 달라붙은 파리들을 잡아먹기도 하지요. 그래서 커다란 포유동물들이 진흙탕을 찾아가 뒹굴며 거북들을 불러 스파 치료를 받는 거예요.

거북들은 느리기로 유명하지만 숙련된 운동 선수들도 있어요. 많은 거북이 장애물을 타고 오른답니다. 동부상자거북은 철사를 엮어 만든 울타리를 타고 넘을 수 있어요. 큰머리거북은 나뭇가지와 관목에 기어올라 개울을 건너지요.

동부상자거북

몇몇 암컷 거북은 수년 동안 정자를 품고 다녀요. 거북 대부분이 혼자 지내기 때문에 짝을 만날 기회가 한정되어 있지요. 짝짓기가 늘 제때 이루어지는 게 아니므로, 조건이 맞을 때 바로 알을 낳을 준비가 되어 있어요. 한 암컷 상자거북은 수컷과의 마지막 짝짓기 이후로 10년을 기다려 수정된 알들을 낳았다네요.

동부비단거북을 포함해 몇몇 거북은 겨울 동안 차가운 물속에서 몇 달 내내 보낼 수 있어요. 이 거북들은 어떻게 살아남는 걸까요?

이들은 엉덩이로 숨을 쉬어요. 거북이 똥을 싸고 오줌을 누고 짝짓기를 하고 알을 낳는 유일한 구멍인 총배설강에는 점액낭이라고 불리는 두 개의 주머니가 있는데, 혈관들이 빽빽이 차 있어서 겨울잠을 자는 동안 효과적으로 산소를 흡수해요.

어떤 거북들은 입으로 소변을 봐요. 중국자라는 물웅덩이에 머리를 담가 최대 100분까지 물을 마시고 뱉어내지요. 그러는 사이 거북 입 안에 있는 작은 구조물이 소변 속 폐기물을 내보내요. 소금기 있는 물, 즉 기수에 사는 이 거북들에게는 이런 체계가 콩팥보다 15~50배 더 효과적이랍니다.

이게 다가 아니에요!
거북이 영리한 건 물론이고,
어떤 거북들은 속임수를
쓰기도 합니다. 남아메리카
민물 거북인 마타마타거북은
썩은 나뭇잎인 척해요.

악어거북은 입속에 미끼가
있는데, 마치 아주 맛있는
분홍색 벌레로 보이지요.

네눈박이점거북은 눈이 여섯 개처럼 보여요. 가장 큰 눈들은 사실 눈이 아니고, 머리 꼭대기에 있는 점들이에요. 포식동물들은 이 점에 속아서 거북이 이미 자신을 봤고 훨씬 더 큰 동물이라고 착각하지요.

거북의 몸 어디에도 귀는 보이지 않아요. 하지만 거북이 귀가 먼 건 아니에요. 얼굴 뒤쪽에 원반형의 얇은 막이 있어서 다른 어떤 파충류보다 더 넓은 범위의 소리를 듣습니다. 속삭이는 소리도 들을 수 있어요. 많은 거북이 사람 귀가 알아챌 수 없는 낮은 소리까지 감지해 내지요. 이처럼 거북들이 잘 들어야 하는 이유는……

붉은다리육지거북

말을 해야 하니까요.

　　남미강거북 가운데 적어도 8종이 저음의 울음소리로 물속에서 대화하며 서로를 도와 함께 여행하고 짝을 찾기도 합니다. 그것 말고 더 있을 수도 있어요. 우리는 아직 거북의 비밀을 알아가는 중이니까요.

　　트래방코르육지거북은 밤에 합창곡을 불러요. 다들 다른 소리를 내는데, 이들이 왜 울어 대는지는 아무도 모른답니다.

　　겁에 질린 멕시코큰사향거북은 개처럼 짖어요. 남베트남상자거북은 휘파람을 불지요.

　　장수바다거북 어미들은 둥지를 틀 때 트림을 하고, 새끼들은 아직 알 속에 있을 때부터 사람들은 들을 수 없는 아주 낮은 소리로 서로를 부르기 시작하죠. 이렇게 하면 새끼들은 동시에 부화해서 둥지 밖으로 나올 수 있고, 포식자가 그들 모두를 먹어 치울 가능성이 더 낮아져요.

　　수컷 육지거북은 꿀꿀대고 끙끙대고 클클대며 시끄러운 소리를 내지요. (영화 <쥐라기 공원>에서 벨로키랍토르가 내는 소리 중 하나는 사실 육지거북이 짝짓기할 때 내는 소리를 녹음한 거예요.)

거북들은 각자 개성이 뚜렷한 존재들이에요.
몇몇은 대담하고, 몇몇은 소심하지요. 어떤
거북은 목을 만져 주면 좋아하고, 또 어떤
거북은 딱지를 긁어 주면 좋아해요.

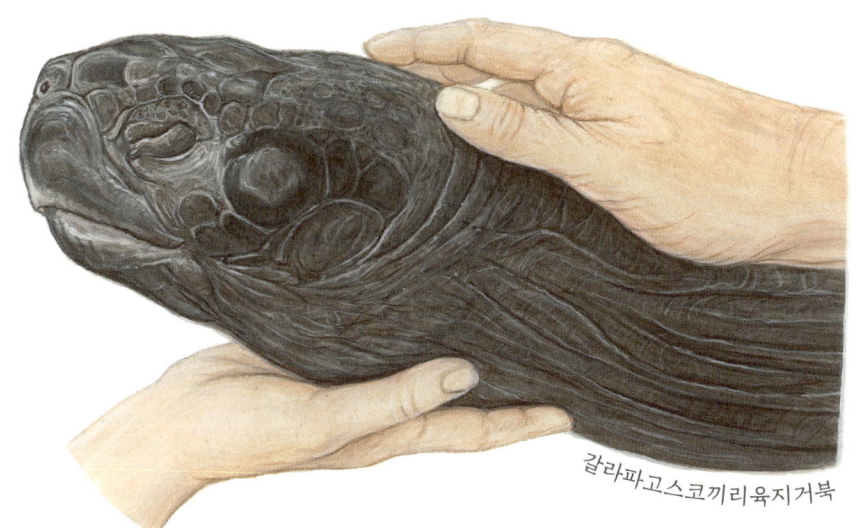
갈라파고스코끼리육지거북

아프리카가시육지거북

대부분은 사람들이 자신을 그냥 내버려 두는 걸
좋아한답니다. 사람과 마찬가지로 거북에게도 생각과
감정이 있어요. 거북들도 각자 다 달라요.

유명한 거북들

외로운 조지는 1972년 달팽이 생물학자가 핀타 섬에서 발견한 수컷 거북이었어요. 조지는 섬에 남아 있는 유일한 거북이었습니다. 지구상에 조지와 같은 종이 더 이상 남아 있지 않은 것으로 추정되었지요. 40년 동안 조지의 사육사였던 파우스토 예레나에 따르면 외로운 조지는 "복잡한 성격"을 가졌던 것 같습니다. 파우스토는 일을 쉬는 날에도 조지를 찾아갔지요. 2012년 외로운 조지가 죽었을 때, 예레나는 "가장 소중한 친구를 잃은 것 같다."라고 말했답니다.

머틀은 90살에 몸무게가 250kg에 이르는 푸른바다거북으로, 보스턴 뉴잉글랜드 수족관 '자이언트 오션 탱크'에서 모두가 인정하는 여왕이랍니다. 상어들조차 머틀이 대장이라는 것을 알고 있지요. 머틀은 상어들 입속에 들어간 오징어도 바로 빼앗을 수 있어요. (머틀이 가장 좋아하는 음식은 방울양배추이지만요.) 머틀은 딱지를 긁어 주면 좋아해요. 호기심 많고 사교적인 머틀 탓에, 자이언트 오션 탱크에서 영화나 사진 촬영을 하려면 반드시 조련사를 현장에 대기시켜야 해요. 머틀을 잡아 놓을 수 있도록요. 안 그랬다간 머틀이 촬영 중인 곳까지 헤엄쳐 와서 훼방을 놓을 테니까요.

폴디와 비비는 이별을 맞기 전까지는 누구나 부러워하는 오스트리아 클라겐푸르트 동물원의 유명 커플이었습니다. 이 갈라파고스코끼리육지거북 부부는 115년 동안 행복하게 살았지요. 그러던 어느 날, 자신들만이 아는 이유로 암컷 비비가 갑자기 폴디를 보기도 싫어했어요. 폴디가 가까이 올 때마다 쉭쉭 소리를 냈지요. 심지어 폴디의 딱지 한쪽을 물어뜯기까지 했어요. 동물원 사육사들은 이들을 시험적으로 별거시키며 중재에 나섰어요. 둘이 함께 있을 때에는 맛있고 특별한 먹이를 제공하며 낭만적인 저녁을 시도하기도 했지요. 다 소용없었지만요. 결국 둘은 현재 다른 울타리 안에서 따로 지낸답니다. 아마도 영원히 그렇겠죠.

소방대장 파이어치프는 몸무게가 19kg나 되고 몸집도 커다랗지만 온순한 늑대거북이에요. 구조대원들 덕분에 마비된 뒷다리를 다시 쓸 수 있게 되었지요. 파이어치프는 60세에서 80세 정도 되는 삶을 보내는 동안 대부분 뉴잉글랜드 소방서 뒤에 있는 연못에서 여름을 보냈어요. 2018년 10월, 겨울잠을 잘 연못으로 향하며 혼잡한 도로를 건너던 파이어치프는 그만 차에 치이고 맙니다. 파이어치프의 딱지는 박살났고 척추는 부러졌으며, 뒷다리와 꼬리는 마비 되었어요. 거북 구조 연맹의 전문의들이 딱지를 고치고 상처를 치료한 뒤, 파이어치프는 물리 치료를 받기 시작했어요. 치료에는 특별히 고안된 스쿠터가 사용되었지요. 회전의자 바퀴 같은 것이 달린 스쿠터가 파이어치프가 운동하는 것을 도와주었어요. 현재 파이어치프의 다리와 꼬리는 제대로 움직이고 있고, 다시 자기 연못의 지배자가 되었어요!

모두가 새끼 거북을 사랑해요. 거북은 새끼 때조차 똑똑해 보여요. 실제로도 그렇고요. 거북 대부분이 부화할 때쯤이면 어미들은 이미 오래전 그들 곁을 떠난 상태지요. 둥지를 파고 알을 낳고 그 위에 모래나 흙을 덮은 뒤 바로 떠나 버리니까요. (예외도 있어요. 남미강거북 어미들은 근처에 머물면서 갓 부화한 새끼들을 부르며 물로 가는 길을 알려 주지요.) 새끼 거북들은 하나같이 알에서 나온 순간 바로 뭘 해야 하는지 알아요. 숨을 곳을 찾아 뛰는 거죠! 철썩거리는 파도 속으로, 강이나 연못의 여울로, 나무와 바위와 선인장 그늘로, 새끼 거북들은 은신처를 찾아 내달려요. 새끼 거북들은 자신들이 포식자들에게 한입 크기의 간식이라는 것을 알아요.

갓 부화한 새끼 장수바다거북들

예컨대, 1,000마리의 새끼 바다거북 가운데 오직 한 마리만이 살아남아요. 그래도 거북들은 이제껏 잘 견뎌왔어요. 훌륭한 딱지, 놀라운 재능, 그리고 유일무이한 적응 능력 덕분에 거북들은 공룡보다 오래 살아남을 수 있었어요. 거북들은 대재앙을 불러온 운석이 6천 5백만 년 전 지구에 떨어졌을 때도 살아남았어요. 빙하시대도 견뎌냈고요. 하지만 우리 인류보다 오래 살 수 없을지도 모르겠어요.

오늘날, 모든 거북 종의 61%가 위험한 수준으로 감소하고 있거나 이미 야생에서 멸종한 상태예요. 포유류, 조류, 어류, 양서류를 포함해 척추를 가진 모든 주요 동물 집단 가운데 거북이 가장 심각한 상황에 직면해 있습니다. 거북은 그들의 살과 알, 피부, 딱지를 얻으려는 사람들에게 도살돼요. 애완용과 식용으로 불법 거래되는데, 종종 치명적인 병을 퍼트릴 수 있는 야생동물 시장에서 거래되기도 하지요. 거북의 서식지는 인간의 집과 상점, 도로를 만들기 위해 파괴됩니다. 기후 변화는 특히 바다거북에게 위협적이에요. 바다거북이 둥지를 트는 바닷가는 해수면이 상승하면서 줄어들고 있지요. 거북이 사라지는 일은 전 세계에 재앙이 될 거예요.

등마디거북

매부리바다거북은 해면동물을 먹으며 산호초를 보호합니다. 장수거북은 해파리를 먹으며 해파리의 개체 수를 조절해 주지요. 다이아몬드등거북은 페리윙클 달팽이를 먹이로 삼는데, 거북이 없으면 이 달팽이들이 염습지를 불모의 죽은 개펄로 바꿔 놓을 거예요. 고퍼육지거북이 만드는 정교한 땅굴은 아르마딜로부터 멸종 위기의 개구리까지, 각기 다른 360종의 동물들에게 쉼터가 되지요.

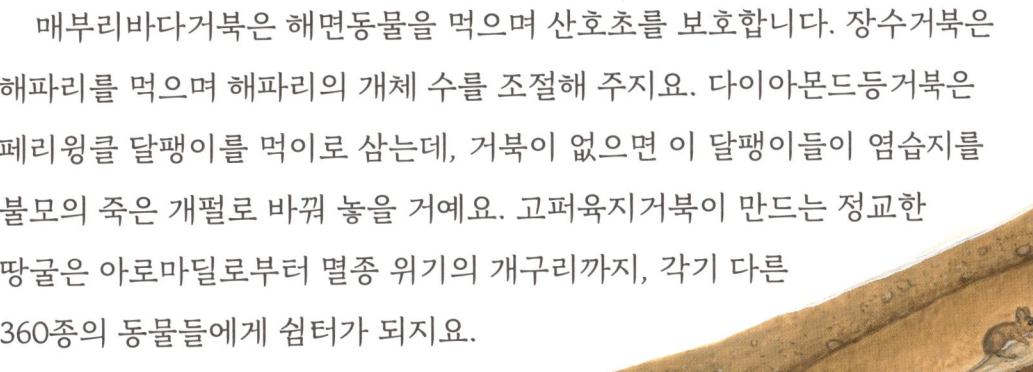

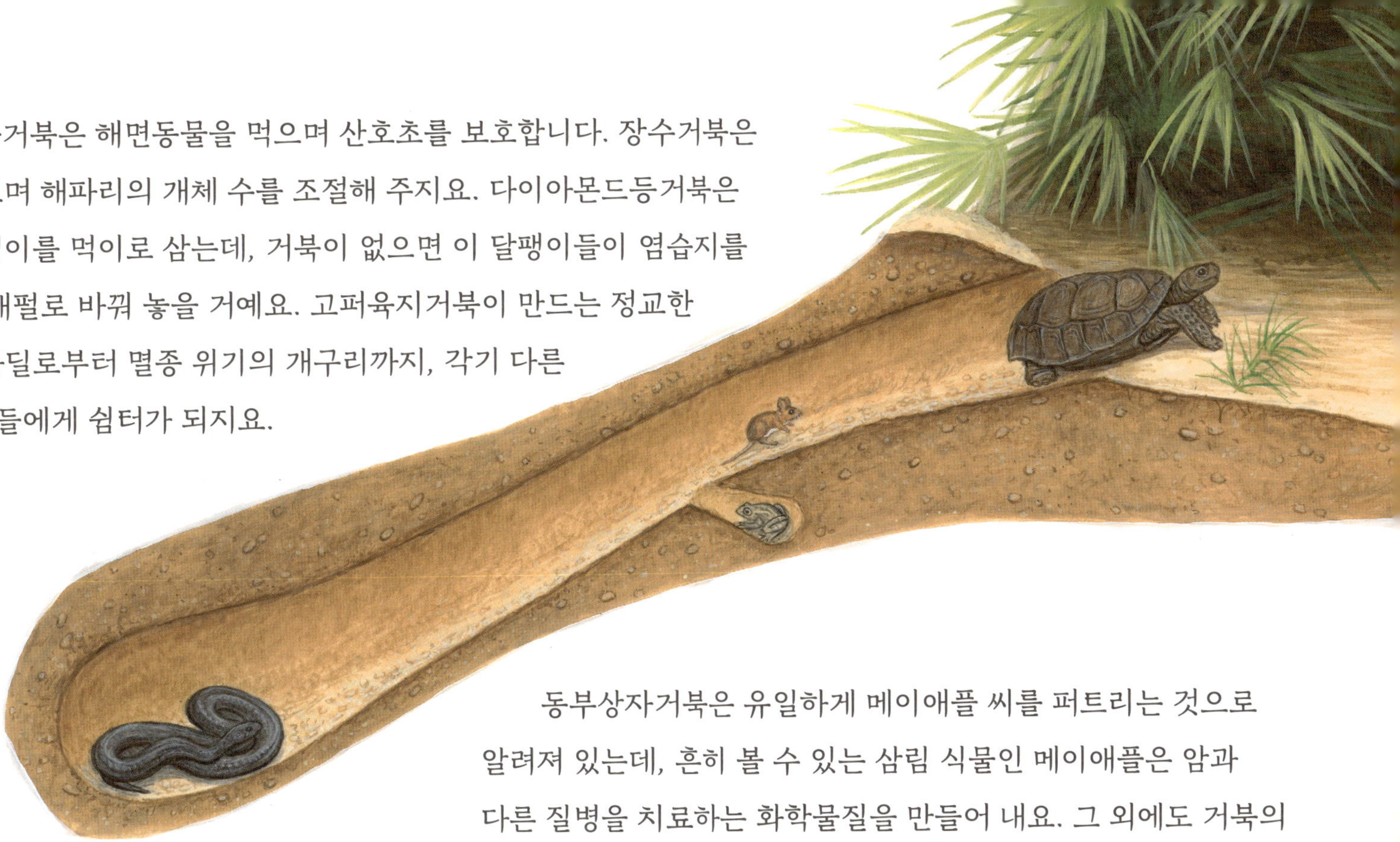

동부상자거북은 유일하게 메이애플 씨를 퍼트리는 것으로 알려져 있는데, 흔히 볼 수 있는 삼림 식물인 메이애플은 암과 다른 질병을 치료하는 화학물질을 만들어 내요. 그 외에도 거북의 역할은 차고 넘치게 많지요.

그래도 희망적인 소식이 하나 있는데……

매부리바다거북

우리가 거북을 도울 수 있어요!

마당의 거북들을 지켜요.
잔디를 깎기 전에 미리 살펴요. 키우는 고양이는 집 밖으로 나가지 못하게 해요. 야생동물을 해칠 수 있는 곳에서 개를 제멋대로 풀어놓지 않아요. 살충제 사용을 삼가도록 해요.

비단거북

거북이 길 건너는 걸 도와줘요.
항상 거북들이 향하는 방향으로 데려가도록 해요. 절대 거북의 꼬리를 잡고 들어 올리지 않아요. 자칫 척추를 부러트릴 수 있거든요. 커다란 늑대거북이 길을 건너는 걸 도울 때는 거북 등딱지의 뒤쪽 모서리를 잡고 커다란 판자나 자동차 바닥 깔개 위로 올라가도록 만들어요. 딱지 뒤쪽을 계속 잡은 채로, 거북을 반대 방향으로 두고 판지나 바닥 깔개를 당겨서 길 반대편으로 끌고 가요. 마지막에 방향을 돌려서 거북이 자신이 향하던 쪽을 바라보게 하는 거예요. 거북을 돕다가 자신이 교통사고가 나는 일이 없도록 해야겠지요.

거북 둥지를 보호해요.
거북 둥지의 90%가 라쿤, 개, 주머니쥐, 여우 같은 포식자들 때문에 파괴돼요. 그리고 사람들도 둥지를 파내죠! 미국의 몇몇 주에서는 거북을 돕기 위해서라 할지라도 둥지를 건드리는 것 자체가 금지되어 있어요. 그러니 지방자치단체에 확인하는 절차를 거치도록 해요. 불법이 아니라면, 집에서 둥지 보호물을 만들 수 있겠지요.

야생 거북을 함부로 데려가지 않아요.

엄연히 불법이고 거북에게도 좋지 않아요. 거북 한 마리를 본래 서식지에서 데려오는 것만으로도, 그 거북이 긴 생애에 걸쳐 새끼 거북의 야생 개체 수를 수백에서 수천 마리로 늘리는 데 공헌하는 걸 방해할 수 있어요.

늑대거북

애완 거북을 풀어주지 않아요.

키우는 거북이 아무리 건강해 보여도 그 거북이 야생 거북들에게 질병을 옮길지도 모르니까요. 풀려난 거북들이 먹이와 자원 경쟁에서 야생 거북들을 앞서며 서식지에서 몰아낼 수도 있어요. 원치 않는 애완동물에게 새집을 찾아 주려면 지역 파충류 협회에 연락하세요.

점박이거북

상처 입은 거북을 야생동물 재활 치료사에게 데려가요.

딱지가 부서진 거북도 살 수 있어요. 숙련된 치료사들이 제때 치료를 한다면요. 덮개가 있는 상자의 바닥에 젖은 수건을 깔고 다친 거북을 조심스럽게 놓으세요. 즉시 야생동물 재활 치료사에게 전화하고, 거북을 발견한 곳이 정확히 어디인지 말해요. 그래야 치료가 끝나고 회복되었을 때 원래 있던 곳에 풀어 줄 수 있어요.

동부비단거북

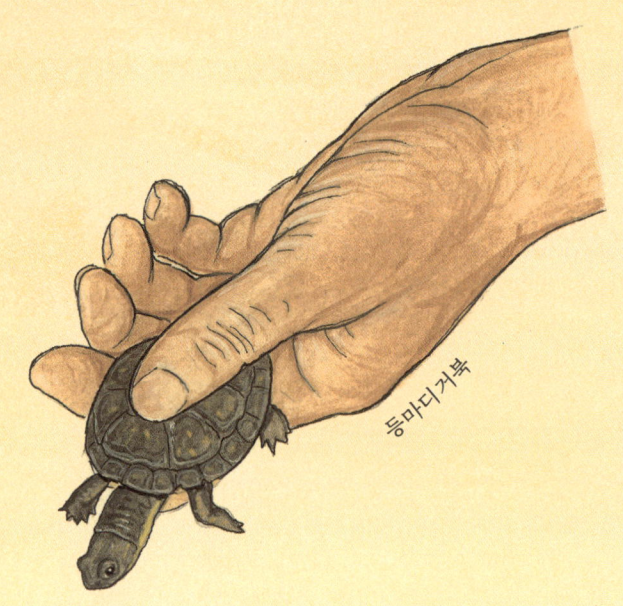
등마디거북

자원봉사를 해요.

바다거북 둥지를 보호하며 휴가를 보내 봐요. 지역 야생동물 재활 센터에 도움을 줘요. 사는 지역의 수족관, 동물원, 야생동물 관리 단체에서 방생을 목적으로 토종 새끼 거북을 키우거나 지역의 거북 서식지를 추적 관찰하거나, 혹은 거북 병원을 운영하고 있을지도 몰라요. 도울 일이 있는지 문의해 봐요.

푸른바다거북

되도록 플라스틱 제품은 구매하지 않아요.

특히 일회용 비닐봉지는요. (결국 바다에 흘러 들어가 바다거북을 질식시켜요.)

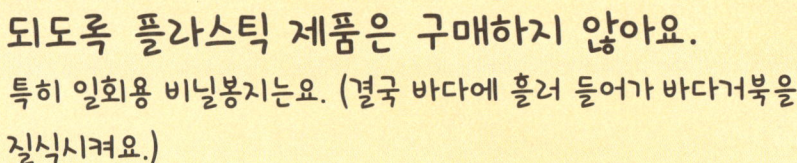

많은 거북 종들이 살아가는 습지를 보호해요.

자신이 사는 곳은 물론이고 그 너머의 습지를 보호하는 지역 단체와 전국의 보호 단체, 그리고 법률 제정을 지지하도록 해요.

거북 보호를 지원해요.

야생동물이나 자연을 보호하는 많은 단체들이 거북을 돕고 있고 여러분이 후원할 만한 가치가 있는 곳들이에요.

전 세계에 퍼진 고대 이야기 속 사람들은 지구가 거북 등 위에 실려 있다고 믿었어요. 어쩌면 그건 사실일지도 몰라요. 현명하고 아주 오래 살았으며, 생태계에 절대적으로 필요한 거북은 정말로 세계를 지탱하고 있으니까요. 거북을 보호하는 일에 나서는 것만으로도 인간에게는 큰 기회가 주어진 셈이지요. 이제 우리가 우리 지구의 건강을 지킬 차례가 온 거예요.

용어 정리

케라틴: 사람의 피부, 모발, 털, 손톱을 이루는 단단한 보호 단백질로 말발굽, 코뿔소의 뿔, 파충류의 비늘이나 거북의 딱지를 이루는 물질이기도 하다.

거북: 바다와 민물, 육지에 서식하는 딱지를 지닌 300종 이상의 파충류를 뜻한다.

자라: 늪, 하천, 연못, 호수 등에서 사는 민물 거북의 한 종류로, 다른 거북과 달리 등딱지가 무르고 가볍다는 특징을 갖고 있다.

육지거북(Tortoise): 육지에 사는 거북. 발가락 사이에 물갈퀴가 없고 원통형의 발을 가지고 있다.

테라핀: 강과 바다가 만나는 곳의 소금기 있는 물에서 살 수 있는 민물거북.

기수: 강과 바다가 만나는 곳의 섞인 물처럼, 약간의 소금기가 있는 물. 담수보다는 염분의 농도가 높고 해수보다는 염분의 농도가 낮다. 세계의 대표적인 기수 지역으로 뉴저지의 허드슨강 하구, 샌프란시스코만 하구, 영국의 템스강 하구 등이 있으며 국내의 기수 지역으로는 경포호, 화진포호, 송지호, 영랑호, 매호, 향호, 광포호 등이 있다.

총배설강: 소화기 배설물 배출과 생식기관을 겸하는 하나의 구멍. 거북과 그 외 파충류, 조류, 양서류, 다른 몇몇 동물에게서도 보인다.

점액낭: 총배설강 양쪽에 자리한 주머니로 혈관과 융털로 채워져 있어 산소와 이산화탄소를 교환하는 역할을 한다. 이는 아가미의 역할과 비슷하며 호흡뿐 아니라 부력 조절에도 도움을 준다.

겨울잠: 몇몇 동물이 겨울을 보내는 방식으로 동면이라고도 하며 숙면과 같은 비활동 상태를 칭한다. 대표적인 동물로 곰·다람쥐·너구리 등의 포유류, 개구리·도롱뇽 등의 양서류, 뱀·도마뱀·거북 등의 파충류가 있다.

콩팥: 양쪽 갈비뼈 아래에 위치한 강낭콩 모양의 장기로, 소변을 만들어 대사를 통해 만들어진 노폐물을 외부로 배출하는 역할을 한다.

해면동물: 감각 기관, 소화 기관, 배설 기관, 근육 기관, 신경 기관이 없는 다세포 동물로, 수심이 얕은 바다부터 깊은 바다까지 어디에나 살며 모양이 매우 다양하다. 서양에서는 해면을 스펀지라고도 하는데 이는 목욕용으로 가공된 해면에서 유래했다.

염습지: 바닷물이 드나들어 염분 변화가 큰 습지로 순천만, 낙동강 하구, 강화 남부 갯벌에 발달되어 있다. 염습지는 다양한 해양 생물의 중요 서식지 역할을 하며 수질 개선, 영양분 순환, 탄소 흡수 및 저장을 통해 생태계에 이로운 영향을 준다.

사이 몽고메리 세계적인 동물 생태학자이자 34권에 이르는 성인, 아동 도서의 작가이다. 『문어의 영혼』은 '전미도서상'의 최종후보작으로 선정되었고 『돼지의 추억』은 뉴욕타임스 베스트셀러 목록에 올랐으며 '오비스 픽투스상' '시버트 메달' '헨리 버그 논픽션 상' 등 다양한 수상 경력을 가지고 있다.

맷 패터슨 멸종 동물 보호와 기록을 위해 실물에 가까운 정확한 그림을 그리는 야생동물 전문 일러스트레이터이다. '로저 토리 피터슨 와일드 아메리칸 아트 상'을 수상하였으며, 그린 책으로 '전미 아웃도어 도서상'을 수상한 『동북쪽의 민물고기』『뱀과 도롱뇽』이 있다.

원지인 홍익대학교에서 영어영문학을 공부한 뒤, 번역문학가로 활동하고 있다. 그림책『북적북적 우리 동네가 좋아』『숲속의 작은 집에서』, 동화『마음을 그리는 아이』『멋진 친구들』, 논픽션『위대한 발명의 실수투성이 역사』『궁금해 거북이 궁금해』, 고전『피터 팬』『비밀의 화원』『정글 북』, 그래픽노블『곱슬곱슬 이대로가 좋아』, 장편소설『꿈 장사꾼 사미르와 실크로드의 암살자들』 등 다양한 책을 번역했다.

맷과 사이가 사우스캐롤라이나주에 있는 생존연합 구조 센터에서 멸종 위기에 처한 붉은목늪거북의 수를 세고 무게를 재며, 거북생존연합 일을 돕고 있어요.